EXAMEN CRITIQUE

DE L'OUVRAGE AYANT POUR TITRE :

« Considérations sur les Origines de la maison de Lorraine, » discours de réception à l'Académie de Stanislas, par M. l'abbé Marchal.

Extrait de la seconde édition, encore en manuscrit, du SUPPLÉMENT AU CATALOGUE RAISONNÉ des Collections lorraines de M. Noël.

A NANCY,

CHEZ A. DARD, IMPRIMEUR-LIBRAIRE, RUE DES PONTS, 4 *bis.*

—

1855.

NANCY, IMPRIMERIE DE A. DARD, RUE DES PONTS, 4 *bis*.

AVANT-PROPOS.

Le manuscrit de la deuxième édition du supplément à notre catalogue est terminé, en ce qui regarde les ouvrages nouvellement acquis et les dissertations historiques sur ces ouvrages; mais nous désirons compléter la table alphabétique, en y ajoutant les noms des lieux, les titres diplomatiques et autres articles qui n'ont pù être compris dans une table d'auteurs. Ce travail est très-long et fatigant; notre vieillesse et nos infirmités nous font craindre qu'avant d'avoir terminé, nous ne donnions à nos tacites contradicteurs, à nos dédaigneux adversaires, à nos plagiaires, le plaisir d'assister à notre enterrement. Comme les questions sur la généalogie de la maison de Lorraine sont, nous le croyons, des plus importantes pour notre histoire, nous désirons, avant de disparaître, connaître l'opinion du petit nombre de personnes qui ont l'indulgence de lire nos écrits et la bonté de nous dire ce qu'elles en pensent. Ce que nous avons publié prouve que nous avons toujours reçu avec reconnaissance les leçons qu'on a bien voulu nous donner, que nous nous sommes empressé de rectifier nos fautes, en indiquant la personne qui nous les avait signalées.

Nous ne vendrons point cette production ; ceux auxquels nous ne l'aurons point envoyée et qui désireraient se la procurer, pourront s'adresser à notre imprimeur, que nous avons autorisé à tirer quelques exemplaires en plus de ceux que nous lui avons demandés.

EXAMEN CRITIQUE

« **Considérations sur les Origines de la maison de Lorraine,** » discours de réception à l'Académie de Stanislas, par M. l'abbé Marchal.

L'estime et la reconnaissance nous imposent des égards envers cet auteur ; nous éprouvons donc un vif chagrin d'être obligé de le combattre, de pulvériser son écrit ; sans doute il se consolera facilement de nos critiques. Avant la publication de son discours, lui ayant demandé s'il indiquerait en quoi nous nous étions trompé en parlant de la maison de Lorraine, il nous répondit qu'il avait pensé ne devoir pas parler de nous. Ayant fait les mêmes observations à un de ses amis, il nous répondit : *A quoi bon? Est-ce que vous êtes une autorité?* Voilà un compliment singulièrement flatteur fait en face ! Mais cela nous explique le peu de cas que M. l'abbé fait de nos productions, productions qu'il connaît d'autant mieux qu'il a bien voulu être un des correcteurs, non—seulement de nos *Mémoires,* mais encore de notre *Catalogue.* Nous ne nous souvenons pas qu'il nous ait fait aucune observation sur ce que nous avons dit de la généalogie de la maison de Lorraine. Si M. l'abbé ne nous a pas signalé nos fautes, il n'a pas voulu que le public puisse en être induit en erreur ; dans un article publié par le journal l'*Espérance* du 31 décembre 1848, il blâme les érudits qui, à l'exemple des historiens du seizième siècle, n'admettent pas Gérard d'Alsace pour tige de la maison de Lorraine. Ces érudits se composent exclusivement de notre personne ; nous sommes, nous le croyons, le seul auteur moderne qui ait, dans ses écrits, suspecté la généalogie de la maison de Lorraine par Gérard d'Alsace. Par suite de cet article, il s'établit, entre lui et nous, une polémique assez vive qui fut publiée par le journal l'*Espérance*. M. l'abbé croit en être sorti vainqueur, et son discours de réception à l'Académie de Stanislas semble une demande de sanction de la victoire qu'il a remportée sur nous. Son discours est donc une nouvelle attaque que nous devons repousser. L'Académie de Stanislas ne juge pas le mérite des pièces qu'elle édite, elle laisse au public le droit de les applaudir ou de les siffler : c'est aussi au public que nous nous adressons pour juger lequel de lui ou de nous est le mieux fondé dans son opinion.

Ce préambule était nécessaire pour justifier l'étendue du présent article.

Il faut reconnaître comme certain que la généalogie de la maison de Lorraine, par Guillaume de Bouillon, n'a point été inventée par esprit de système, en vue de la ligue et pour faciliter aux membres de cette maison l'accès au trône de France. Champier, Edmond du Boullay, d'Aucy, Wassebourg, Charles Estienne, Nicolas Clément, qui ont établi cette généalogie, étaient, pour la plupart, enterrés avant que la ligue devînt hostile à la couronne de France. Il est donc absurde de dire leur généalogie préconçue (page 9), de supposer (page 98) que Champier était imbu de préjugés, qu'il voulait à tout prix que les ducs de Lorraine fussent rois de Jérusalem, comme descendants de Godefroy et non de la maison d'Anjou. Cette supposition est simplement une erreur extraordinaire; Champier dit formellement (feuillet o.iii) qu'Eustache, frère de Godefroy, refusa la couronne de Jérusalem, qui fut alors donnée à Baudoyn, son cousin. Ainsi, d'après cet auteur, les descendants d'Eustache, duc de Lorraine, ne pouvaient se dire rois de Jérusalem.

La ligue avait uniquement pour but la destruction des huguenots; c'est pourquoi, au traité d'association des ligueurs, on lit : « Pour » la conservation de nos vies, de nos biens, contre toutes sortes de » personnes, sans nul excepter, fors les personnes dudit seigneur » roi, messieurs ses enfants et frères, et la royne, leur mère, et » ce sans acception d'aucun parentage ou alliance, quelque pro— » chaine qu'elle puisse être, pour lesquels parentage ou alliance » nous déclarons de nous seconder et aider, etc., etc. » (*Journal d'Henri III,* tome 5, page 51.)

Ce qui exclut le roi de Navarre, devenu Henri IV, qui alors était hérétique.

Nous remarquons la défense des biens. Les hérétiques ne prenaient les biens de personne, mais ils abolissaient les évêchés, les prieurés et tous les bénéfices ecclésiastiques ; or, ces bénéfices formaient de fait le patrimoine des plus puissants ligueurs. Nicolas, fils du duc Antoine de Lorraine, devenu duc de Mercœur, avait été, dans sa jeunesse, évêque de Metz et de Verdun. Son fils, Charles, fut évêque de Toul et de Verdun, cardinal en 1572 ; un autre de ses fils, Éric, fut évêque de Verdun ; deux de ses petits-fils furent évêques de Verdun. Charles, fils du duc Charles III, fut, à onze ans, évêque de Metz et ensuite de Strasbourg ; il fut fait cardinal. Charles de Lorraine, fils du duc de Guise, était cardinal-archevêque de Reims, de Narbonne, évêque de Metz, de Toul, de Verdun, de Terouanne, de Luçon, de Valence, abbé de Saint-Denis, de Fécamp, de Cluny, de Marmoutier, etc., etc. Le cardinal Louis de Guise était archevêque de Sens, évêque de Troies, d'Alby, de Metz ; un autre Louis de Guise était cardinal-archevêque de Reims ; un troisième Louis de Guise, cardinal-archevêque de Reims, abbé de Corbie, de St.-Hilaire de Poitiers, de St.-Denis de Cluny, d'Orchamps, de Saint-Remy de Reims, grand guerrier et fort libertin. Les femmes de la maison de Lorraine étaient nommées abbesses des plus riches chapitres, et ces prélatures leur étaient accordées avant que les titulaires eussent reçu aucune éducation, avant qu'ils sussent lire. Nous n'avons nommé que ceux qui subsistaient dans les temps approchant de la ligue. La maison de Lorraine n'était pas la seule qui jouissait de semblables priviléges : Odet de Coligny était cardinal à dix-huit ans, archevêque de Toulouse à dix-neuf ans, évêque de Beauvais à vingt ans, titulaire de treize abbayes et de deux prieurés ; mais il se maria, devint calviniste, abandonna toutes ses prélatures : il fut excommunié. C'est un bel exemple du sacrifice des intérêts matériels à ses convictions ; les exemples de cette nature sont rares.

Ainsi, les grandes maisons virent dans la réforme la perte de ces priviléges ecclésiastiques, l'anéantissement de ces revenus considérables qu'elles regardaient comme leur domaine ; c'étaient là les biens qu'elles entendaient défendre et conserver. Ce n'était pas la conviction religieuse qui les faisait agir. Les grands seigneurs, prélats ou non, tous, ou du moins le plus grand nombre, étaient illettrés ; les prélats avaient des valets-docteurs qui composaient leurs homélies ; c'est à coup d'épée qu'ils ont répondu aux observations des réformés. On ne peut méconnaître que les hautes intelligences de ces temps étaient avec les réformés, et que les guerriers, quelques grands seigneurs et le populaire, les deux extrêmes de l'ordre social, la force, étaient avec les orthodoxes. On ne doit pas douter que si la réforme, en France, eût conservé les bénéfices ecclésiastiques comme elle l'a fait en Angleterre, elle y aurait eu un succès complet, et maintenant on n'y parlerait pas plus de l'infaillibité du pape qu'on y parle de l'immortalité du grand Lama.

La ligue ne fut point inventée par la maison de Guise, mais par un grand nombre de catholiques d'opinions politiques différentes qui sentaient le besoin de s'unir pour empêcher les progrès de la réforme, réforme qui nuisait à leur croyance ou à leurs intérêts : ils firent des associations dans le but de se secourir mutuellement. La plus ancienne ligue est celle de Champagne, qui fut signée le 25 juin 1568 ; M. de Beaufremont, évêque de Troies, en était le chef ; presque tous les confédérés signataires sont des dignitaires de l'Église. Il y eut aussi des associations dans le Languedoc et dans la Guyenne. (MAIMBOURG, *Histoire de la ligue*, page 10.) Claude de la Trémouille était chef de la ligue dans le Poitou, page 95. La plus célèbre fut celle de Péronne, non datée, mais de l'an 1576 ; elle avait pour chef Jacques de Humières ; la prestation de serment de fidélité à ce chef est du 13 février 1577. — Maimbourg donne, page 27, les douze articles de cette association, articles envoyés de Paris, mais qui furent modifiés par de Humières (1). Les tergiversations du roi Henri III, qui, après avoir, par édit du mois de mai 1576, permis l'exercice de la religion réformée, approuva la ligue et voulut en être le chef, ligue qui avait pour but principal de proscrire la religion réformée, puis qui envoya vers Henri, roi de Navarre (Henri IV), hérétique de la religion réformée, le duc d'Épernon et Roquelaure, pour s'entendre avec lui ; ces tergiversations étaient considérées par tous les partis comme autant de perfidies ou de trahisons envers ceux auxquels on

---

(1) Les articles envoyés de Paris doivent se trouver dans l'ouvrage de Cayer, intitulé *Chronologie novenaire*. — Paris, 1608.

avait successivement donné sa foi ; elles firent perdre au roi toute estime et considération ; les ligueurs augmentèrent en nombre ; les princes de la maison de Guise en devinrent, si ce n'est les chefs ostensibles, les chefs latents. La conduite et les principes du roi étaient l'objet du blâme et des critiques des ligueurs, qui déconsidéraient le monarque, dont le règne était regardé comme une des époques les plus malheureuses de l'histoire de France.

De Rosières, archidiacre de Toul, publia, en 1580, à Paris, le *Stemmatum Lotharingiæ* ; à la page 369, il blâme assez vertement le roi Henri III d'avoir permis le culte de la religion réformée ; il trouva aussi moyen de critiquer plusieurs rois de France, et spécialement Hugues Capet, qu'il traite d'usurpateur, Louis XI, etc. Henri III, ou son conseil, pensa devoir poursuivre ledit de Rosières en réparation des outrages publiés par lui contre plusieurs rois de France, et spécialement contre sa Majesté régnante : on espérait par là inspirer une crainte salutaire aux ligueurs et faire cesser leurs critiques. Le procès fut commencé le 1er février 1583 ; il y eut enquête et interrogatoire, mais pas de jugement. De Rosières demanda pardon au roi, qui, sur la demande de la reine et des princes lorrains, lui accorda sa grâce. Le procès-verbal de la séance où fut octroyé le pardon servit d'arrêt. Ce procès eut un résultat tout opposé à celui qu'on se promettait ; l'injure faite au roi avait été impunie, à la demande des princes de Lorraine, qui, furtivement, journellement, protégeaient ceux qui insultaient au roi.

Ce procès fixa l'attention des curieux sur l'ouvrage condamné. On ne fut pas frappé des injures faites à la Majesté française, mais on le fut de ce que la maison de Lorraine se disait descendre de Charlemagne par les femmes, ce qui était déjà connu et est devenu vulgaire. Pour un grand nombre de ligueurs, les princes de Lorraine étaient des prétendants légitimes au trône de France ; s'ils connaissaient la loi salique, ils pensaient sans doute, avec raison, qu'elle n'était point applicable à la succession au trône de France. Bon nombre d'auteurs ou de critiques supposent, ce qui est évidemment faux, que de Rosières n'a été condamné qu'à raison de ce qu'il dit de la généalogie de la maison de Lorraine ; et les amateurs de la nouvelle généalogie par Gérard d'Alsace appliquent les épithètes de faux, de titres apocryphes, qui se trouvent au procès-verbal d'arrêt, à ceux rappelés par de Rosières pour établir son système généalogique, tandis que ces expressions ne devaient s'appliquer qu'à ce qu'il dit de l'histoire de France. Nous-même avons été induit en erreur par ces auteurs, croyant que la condamnation frappait sur le système généalogique. (Voyez n° 1972.)

Une année après, l'ouvrage de de Rosières prit une importance extraordinaire. Un fanatique, désespérant, qu'on pût convertir Henri de Navarre (Henri IV), imagina un plan diabolique, qui consistait à faire déclarer qu'un hérétique ne pouvait occuper le trône de France, qu'il fallait retourner à la bénédiction donnée par le pape Étienne pour se soustraire à la malédiction prononcée par le même pape contre ceux qui éliraient un roi qui ne descendrait pas du roi Pépin (1). On devait, dans un parlement national (états généraux), condamner et faire exécuter le duc d'Alençon, hérétique, frère du roi, enfermer le roi et la reine comme Pépin fit enfermer Childéric. Le duc de Guise devait faire tuer par les ligueurs tous les huguenots, et gouverner l'état à titre de roi successeur de Charlemagne. Ce beau plan, qui paraît avoir été communiqué au pape, fut trouvé chez un nommé Jean David, Gascon, décédé à Lyon en 1577 ou 1578. Ce furent les huguenots qui le publièrent; ils ne doutaient pas qu'il ne fût de l'invention ou au moins qu'il eût l'approbation des chefs de la ligue. Cette publication eut lieu pour faire voir au roi combien il était important pour lui de se défaire des Guise.

En 1584, après la mort du duc d'Alençon, on croit que Catherine de Médicis, mère du roi, dans la crainte de voir monter sur le trône Henri de Navarre, et par amour pour sa fille Claude, épouse du duc de Lorraine Charles III, favorisa la ligue et les plans qui pouvaient avoir pour but d'élever la maison de Lorraine sur le trône de France. Les imprudents amis ou les ennemis de la maison de Guise lui supposaient hautement des projets régicides. Pour se justifier de ces accusations, fort répandues, probablement calomnieuses, mais qui purent avoir, plus tard, quelques

---

(1) M. Isembert, dans une note sur les *Capitulaires carlovingiens*, dit que A. Gaillon a contesté l'authenticité de cette pièce ou déclaration, qui aurait été fabriquée par un moine de Saint-Denis, en l'an 840. Elle se trouve dans l'appendice du continuateur de Frédégaire.

fondements, après les assassinats du duc et du cardinal de Guise, les princes de cette maison publièrent, en 1585, in-8, et *Mémoires de la Ligue*, tome 1er, page 149, *Réponse de par MM. de Guise à un avertissement*. Dans de longs développements, ils établissent que leur famille n'est issue de Charlemagne que par les femmes; que la loi salique, qui régit la France, ne donne aucun droit aux femmes ni à leurs descendants; que ce ne peut être que les huguenots, leurs ennemis, qui aient pu leur supposer des projets aussi criminels, basés sur un droit inadmissible; que toutes leurs réunions, tous leurs plans, leurs démarches avaient pour but la défense du roi et la destruction de l'hérésie, et qu'au surplus les Bourbons étaient, comme eux, héritiers de Charlemagne, par la mère de saint Louis (il fallait dire la grand-mère, Isabelle, fille de Baudouin, comte de Hainaut, épouse de Philippe-Auguste), et, comme preuve de leurs bonnes intentions au regard du roi, ils disent que c'est le duc de Lorraine qui fit arrêter le chanoine de Toul, auteur du *Testamenta Lotharingiæ* (pour *Stemmatum Lotharin-giæ*); que c'est M. de Guise qui l'a dénoncé au roi pour avoir mal parlé de sa Majesté. Ajoutons que les ligueurs n'avaient pas l'intention première de détrôner Henri III; ils faisaient prier pour que le roi obtînt des fils.

Ces observations sont très-vraies; on ne peut, sans injustice, les rejeter. Quelle probabilité la maison de Lorraine pouvait-elle avoir alors de trouver le trône de France vacant ou occupé par l'hérétique Henri? Henri III n'avait que vingt-cinq ans, et son frère, le duc d'Alençon, était plus jeune. Nous croyons donc à la sincérité des princes dans leur *Réponse à un avertissement*.

Après la mort du duc d'Alençon, l'assassinat du duc de Guise et de son frère le cardinal, il n'est point étonnant que la maison de Guise, pour se venger, n'ait cherché à s'emparer du trône de France, n'ait fait valoir tous les moyens possibles pour justifier ses droits. De Rosières, Wassebourg et Champier, en traitant de l'histoire de Lorraine, avaient dû parler de la domination successive des Mérovingiens et Carlovingiens sur le pays, domination qui avait précédé celle des Godefroy, ou Guillaume de Bouillon; ce qu'ils disaient des aïeux de ces derniers princes n'était qu'accessoire. Mais alors on fit des généalogies spéciales, qui furent peut-être inventées pour la circonstance. Dans ces nouvelles généalogies, on fait épouser à Eustache de Boulogne, Ide, fille de Godefroy, duc de Lorraine, et héritière du duché, qu'elle transporte à son mari. On établit les aïeux d'Eustache, qui remontent à Conrard, fils d'Arnould, empereur de la troisième génération, de Louis-le-Débonnaire, fils de Charlemagne. Quant à Ide, on la fait descendre de Pépin, roi d'Aquitaine, fils de Louis-le-Débonnaire. Ainsi, dans ce système, les enfants d'Eustache réunissent deux branches de la maison de Charlemagne. Dans d'autres généalogies, on fait descendre Ide et Eustache de deux branches différentes des enfants de saint Arnould, évêque de Metz, grand-père de Pépin d'Harstal ; on en composa qui prenaient Clovis pour tige. Évidemment, toutes ces belles choses furent inventées par les courtisans des princes de Lorraine. C'est bien de celles-ci qu'on peut dire ce que vous dites : « Système pré— » conçu de généalogies fabuleuses, il ne fallait pas, comme cela est » arrivé trop souvent, les inventer à plaisir, les créer *à priori*, » afin de les ajuster ensuite à un système arrangé d'avance. » (Page 9.)

Cela est bien pour la généalogie par saint Arnould ; c'est très-applicable aussi aux aïeux donnés à Gérard d'Alsace ; mais ce serait d'une ignorance manifeste d'appliquer ce jugement aux histoires de Champier, de Wassebourg, de de Rosières. Lorsqu'ils publièrent leurs écrits, les ducs de Lorraine et les rois de France n'avaient aucun intérêt à se créer des aïeux imaginaires.

La répulsion qu'on éprouvait pour Henri IV donnait une grande importance à ces généalogies, qui étaient approuvées en cour de Rome et d'Espagne, où il semblait convenu que le duc de Guise épouserait une infante espagnole et monterait sur le trône de France. Il devait être élu roi par les états assemblés : c'était une restauration, un retour vers la légitimité. Mais, pour faire un retour convenable, il aurait fallu nommer le duc Charles III de Lorraine roi de France, et non le duc de Guise, son cousin. Si l'on avait donné à Charles III l'espoir de devenir roi de France, il aurait peut-être joint des troupes à celles de la ligue, et Henri IV, probablement, n'aurait pu réussir. Nous croyons que par un traité qui est resté secret, il devait avoir la ville de Metz, jointe à ses états, pour prix de sa renonciation au droit de primogéniture. Nous avons vu ce fait exprimé quelque part, mais nous ne savons plus où. Les historiens du règne de Charles III disent qu'il n'approuvait pas le but final de la ligue, dont cependant son fils Charles, le cardinal, était un des membres zélés.

M. l'abbé dit : « D'autre part, les prétentions de Charles III sur
» la succession du royaume de France, ouverte par l'extinction de
» la branche des Valois. » Où avez-vous trouvé cette assertion ? Le
trône n'était pas vacant par l'extinction des Valois. Benoît Picart,
Répliques, page 52, prouve très-bien que cette assertion est calom-
nieuse. Charles III n'a jamais, directement ou ouvertement, favorisé
la ligue contre le trône de France, mais seulement contre les réformateurs.

Aux états généraux, tenus en 1593, les intrigues se croisèrent
pour la nomination d'un roi. Les Espagnols, qui croyaient dominer,
demandèrent la nomination comme reine d'un infante d'Espagne,
dont le duc de Guise deviendrait le mari. Mais cela ne pouvait con-
venir aux ligueurs de voir leur chef jouer un rôle subalterne ; cela
ne convenait pas non plus au duc de Mayenne, qui croyait qu'on
devait le préférer à son neveu. Le légat du pape proposait pour roi
le prince Ernest d'Autriche, qui épouserait l'infante d'Espagne.

Toutes ces propositions diverses s'entre-détruisirent et sauvèrent
la couronne à Henri. C'est dans les débats qui eurent lieu que les
partisans d'Henri, pour exclure l'infante d'Espagne, citèrent la loi
salique ; et le parlement, qui voulait maintenir l'ancien droit public
de la France, rendit, le 28 juin 1593, un arrêt protestant de nullité
contre toute nomination de princes ou princesses étrangers à la couronne de France, au préjudice de la loi salique et autres lois fon-
damentales de l'état (1). (Voyez *Recueil général des lois*, etc., tome
15, page 71 ; Voltaire, *Histoire du parlement de Paris*, chap. 34.)

---

(1) La loi salique, sous les Capétiens, est tombée tellement en désuétude et dans l'oubli,
qu'on n'a pu en trouver aucune copie dans les archives dépendant d'établissements français.
C'est Hérold qui, le premier, l'a découverte dans les archives d'un couvent à Fulde, et l'a
publiée à Bâle, en 1537, dans *Opus Legum antiquarum Germaniæ*, etc., in-folio. Ce
sont les adversaires de la maison de Guise qui, les premiers, s'avisèrent de commenter cette
loi, qui, de loi privée réglant la police et les intérêts particuliers, fut considérée comme une
loi de droit public réglant les intérêts de la couronne, et dans ces expressions : *Nulla portio
hœreditatis mulieri veniat*, comparant la royauté à une terre salique et la plus salique
possible, ils en conclurent qu'elle ne pouvait être possédée par les femmes. Mais au temps où
la loi salique exerçait sa puissance, la royauté n'était ni un domaine, ni une souveraineté,
mais un généralat électif qui n'exerçait sa puissance que sur l'avis des grands. La souveraineté
résidait dans le concours des grands avec le roi : c'était un gouvernement aristocratique. Le

Tous ces faits, d'une très-grande importance pour la cour de

---

plus ancien ouvrage que nous connaissions, où il est parlé de la loi salique, est intitulé : *Désaveu d'un seigneur de Haynau de la lettre écrite en son nom par le cardinal de Lorraine;* Anvers (Paris), 1565, in-8. Dans cet ouvrage, on refuse au cardinal la qualité de prince français, d'après la loi salique. En 1585, Mornay, sieur du Plessis, publia *Discours sur le droit prétendu par ceux de Guise sur la couronne de France.* Nous avons parlé de cet ouvrage au texte. En 1585, les princes de Guise adhèrent à cette manière de comprendre la loi salique, dans leur *Réponse à un avertissement.* Nous avons parlé de cet ouvrage. En 1587, de Belloy publia *Examen du discours publié contre la maison royale de France, et particulièrement la branche des Bourbons, seul reste d'icelle, sur la loi salique et succesion du royaume ;* la Rochelle, in-8. Enfin, l'arrêt du parlement du 28 juin 1593 sanctionna ces singuliers commentaires. L'esprit de parti fait voir des choses que le sang-froid ne pourra jamais découvrir. Il nous paraît fort étrange que nos historiens citent la loi salique pour justifier la conduite de Philippe-le-Long au regard de Jeanne de France, sa nièce, pour combattre les projets de l'infernale Isabelle de Bavière, qui voulait faire monter sur le trône de France son gendre, en place de son fils. C'est de ces temps qu'est née la maxime : Le royaume de France ne tombe pas de lance en quenouille (*ad fusum à lanceâ*). C'est cette maxime, inventée pour ces deux circonstances, qui fait concevoir les événements de cette époque, et non la loi salique. Les grands sont rarement instruits, et leur ignorance se fait souvent sentir dans l'histoire de France. Une constitution de Childebert, délibérée avec les grands du royaume (*cum nostris optimatibus pertructavimus*), à Attigny, aux calendes de mars 595, décide que les petits-enfants hériteront avec leurs oncles de la succession de leur grand-père. En 945, cette constitution est inconnue. Louis d'Outremer ordonne un duel en pleine assemblée parlementaire, pour savoir si la représentation aurait lieu dans les successions directes, c'est-à-dire si les petits-enfants concourraient avec les enfants dans le partage de la succession du père défunt. Le champion de la représentation fut vainqueur. En 1302, ces deux décisions, comme la loi salique, sont inconnues, et Mahaud, épouse d'Othon, comte de Bourgogne, hérite de l'Artois, au détriment de son neveu Robert, et cela sous l'influence de Philippe-le-Long, qui enlevait à Jeanne, sa nièce, non-seulement la couronne de France, mais encore les comtés de Paris et d'Orléans. Les duchés et comtés de Vermendois, de Ponthieu, Boulogne, Blaisois, Nivernois, Normandie, Champagne, Bretagne, Guyenne, Albret, Bigorre, Angoulême, Provence, Flandres, Artois, Bourgogne, Auvergne, Toulouse, etc., avaient déjà, de ces temps, appartenu à des femmes. (Voyez *Abrégé chronologique des grands fiefs*, par Brunet.) Or, tous ces fiefs étaient originairement des bénéfices, des tenues militaires et saliques. Lorsqu'ils ont été transmis à des femmes, on ne connaissait pas l'incapacité des femmes à posséder la terre salique. Ainsi, Philippe-le-Long était un usurpateur et un voleur des biens de sa nièce; mais, en lui appliquant le prétendu principe de la loi salique, loi inconnue de son temps, son action devient légale. Les courtisans, historiens soldés, n'ont pas manqué de donner un effet rétroactif à la connaissance qu'on a eue de la loi salique, afin d'honorer la mémoire de Philippe-le-Long. Quand la force fait la loi, il n'y a plus ni droit, ni justice; les rois ont toujours raison, et leurs caprices leur sont inspirés par la plus savante politique.

France, faits qui pouvaient se renouveler dans une nouvelle ligue, portèrent les rois de France, depuis Henri III jusqu'à la cession de la Lorraine à la France, à chercher à ruiner la maison de Lorraine, à détruire le préjugé qui la faisait descendre de saint Arnould, de Charlemagne, et ces rois ne furent pas scrupuleux dans les moyens qu'ils employèrent pour arriver à ce but.

M. d'Haussonville, dans son ouvrage intitulé *Réunion de la Lorraine à la France,* donne de nombreuses preuves de cette persévérante politique contre la maison de Lorraine. Les rois ne manquent jamais de courtisans, surtout en France, et du moment que la cour de France cria haro sur la maison de Lorraine, une foule de chevaliers de la plume se présentèrent au combat. Philippe de Mornay, sieur du Plessis, est, nous le croyons, le premier qui commença la lutte. On n'avait pas encore répandu la prétention de la maison de Lorraine à être héritière de celle de Charlemagne ; on ne connaissait ses prétentions que d'après de Rosières, qui la disait alliée par les femmes à la maison de Charlemagne. M. du Plessis, dans son *Discours sur le droit prétendu par ceux de Guise sur la couronne de France,* ouvrage anonyme qui parut l'année 1585, année du procès fait à de Rosières, critique très-bien l'ouvrage de ce dernier. En adoptant tous les faits y consignés, il démontre qu'il y a quatre familles distinctes, superposées les unes sur les autres, et qu'étant alliées par les femmes seulement à la maison de Charlemagne, cette alliance ne peut, d'après la loi salique, donner aucun droit à la couronne de France.

C'était bien tout ce qu'il fallait pour détruire l'influence de la maison de Guise, fondée sur les ouvrages de Champier, Wassebourg et de Rosières. Ostensiblement, cette maison n'établissait point d'autre droit ; plus tard, les partisans de cette maison ayant prétendu avoir découvert qu'elle descendait de saint Arnould, justifièrent par ce fait la prétention à l'hérédité de Charlemagne. La cour de France voulut qu'on combattît cette découverte et qu'on en démontrât la fausseté. M. Ponce Thiard de Bissy, qui fut nommé évêque de Châlons, fut le premier qu'on chargea de combattre cette prétention, et il publia, en 1594, *Extrait de la généalogie de Hugues, surnommé Capet, roi de France.* Il fait descendre Hugues Capet de

Vuidichind et la maison de Lorraine de celle de Godefroy de Louvain. Il dit que de 1005 à 1106, le duché de Lorraine a passé à cinq maisons différentes, savoir : celles de Charlemagne, Ardenne, Bologne, Leinburg et Louvain. La maison d'Ardenne gouverna quatre-vingt-quatre ans, tant en paix qu'en guerre contre Gérard d'Alsace et ceux de Flandre. Gérard aurait été nommé duc en 1065, ses descendants expulsés par la maison d'Ardenne. Hugues Capet descend de Charlemagne par Hannide, fille d'Othon.

A peu près dans le même temps, un nommé Nicolas Biré, avocat du roi à Nantes, publia *Alliance généalogique de la maison de Lorraine*, 1593, in-folio. Nous ne connaissons pas cet ouvrage, cité par D. Calmet, qui probablement ne l'a pas vu et qui est resté inconnu aux auteurs de la *Biographie universelle ;* mais il était bien connu de François Jacquemin, qui le réfuta dans sa savante dissertation sur Théoderic (n° 2028 du *Catalogue* et n° 48). Ces travaux eurent peu de succès. Alors on chercha à rattacher la famille de Lorraine pour Gérard d'Alsace, et pour lui faire accepter ce changement, on inventa à Gérard d'Alsace des aïeux les plus illustres possibles, on fit la maison de Lorraine l'aînée de celle des empereurs d'Allemagne, et on lui disait : Vous êtes plus illustre que vous ne pensez. En 1618 parut, in-4, à Paris, *Origines murensis monasterii, cum brevi chronico seculi* XI, *quo major scriptorum penuria fuit..., ex vetustissimo codice murensi edita.... Spirembergii in bibliopolio Brucknausenio.*

Vignier attribue cet ouvrage au père Sirmond (n° 45) ; Hergott (n° 5887), Kopp (n° 1996), Schœpflin (n° 5888) attribuent cet ouvrage à Fabri de Peiresc, attribution inconnue à D. Calmet, à Barbier et à la plupart des biographes, mais constatée par les auteurs de la *Vie de Peiresc*, qui disent qu'il a édité à Paris les *Origines de Muri*. Cet ouvrage manque dans nos collections ; nous n'en parlons que d'après ce que nous en avons trouvé dans divers auteurs, et spécialement dans les manuscrits de Mory d'Elvange. Son apparition nous paraît un événement monstrueux qui aurait dû fixer les investigations de tous ceux qui s'occupent de la généalogie de la maison de Lorraine. Il fut critiqué, mais on n'osa pas faire remarquer combien il était absurdement miraculeux de trouver caché dans un mur, derrière une boiserie d'un couvent bâti au douzième siècle, brûlé et ruiné en totalité le 9 avril 1300, des titres et manuscrits remontant au onzième siècle, d'après Peiresc; au treizième, d'après Hergott; des pièces sur papier d'un temps antérieur à l'usage du papier; des portions de chroniques ou copies de titres remontant au septième siècle; une généalogie de la maison de Hapsbourg, écrite par un moine en l'an 1142, pièces qu'Herrgott paraît avoir vues, mais que Schœpflin paraît ne citer ou copier que d'après Peiresc ou Herrgott, pièces suspectées avec d'autant plus de raison qu'elles ont disparu du dépôt, de peur, sans doute, qu'on ne prouvât qu'elles étaient fausses et apocryphes, et lorsque le respectable D. Calmet est allé à Muri, il n'a plus trouvé qu'une seule pièce et dont la date était incertaine. (Voyez *Diarium helveticum*, 1756, in–4, page 25, n° 5450.)

Au moyen de cette miraculeuse découverte de Muri et de peu d'autres documents dont nous ignorons la valeur, Schœpflin a pu créer une généalogie à Gérard d'Alsace et la faire remonter à Éthico, qui vivait en l'an 666, tige des maisons d'Hapsbourg, d'Altembourg, d'Eginsheim, d'Agsbourg, des ducs, comtes et langraves d'Alsace, de Lorraine, etc., etc., et, par un phénomène qui n'est point assez remarqué, Éthico, dans diverses branches de ses descendants, aurait toujours eu des fils propres à perpétuer l'illustration de son sang, tout en fournissant un bon nombre d'évêques, de manière que l'agnation s'est perpétuée depuis 666 jusqu'à nos jours.

Certes, ce phénomène est bien aussi miraculeux que la découverte de titres dont quelques-uns sont insignifiants et de temps où l'on n'écrivait pas, où il n'y avait de chancellerie que près des empereurs et des rois, qui donnaient les titres formant fondation ou approuvant les fondations faites par des ducs ou comtes, qui alors n'étaient que des officiers de l'empire. Ce savant travail de Schœpflin fut récompensé par le roi de France et par l'empereur d'Autriche. Raison de plus pour être suspecté.

Il semble que M. l'abbé a connu ces faits, lorsqu'il dit : « Ce ne » sont certes pas des pièces forgées à plaisir, cachées furtivement » et à dessein sous des lambris, puis découvertes au besoin, » etc. Nier est une chose facile, c'est se dispenser de toutes preuves.

Un autre fait plus monstrueux, que M. l'abbé paraît ne pas connaître, c'est l'enlèvement des titres relatifs à la généalogie de la maison de Lorraine, et qui ont été soustraits des archives déposées à La Mothe et cachés à tous les regards au cabinet du roi, dit cabinet du Saint-Esprit. On dit que ces titres étaient contenus dans une centaine de cartons.

Nous avons fait l'histoire de nos archives, n° 2 de nos *Mémoires*. A la vérité, nous ne sommes point une autorité pour vous, mais nous n'avons point inventé ce que nous disons de nos archives. D. Calmet n'a pas dit tout ce qu'il en savait, la censure ne l'aurait pas permis ; Durival a été plus explicite, ainsi que les nombreuses histoires manuscrites du temps de Charles IV. Est-ce que vous dédaignez aussi D. Calmet, Durival et les historiens de la vie de Charles IV ? Est-ce que l'enlèvement et la soustraction des titres relatifs à la généalogie de la maison de Lorraine par le roi de France, qui voulait qu'on examinât les droits, titres et histoire de cette maison, ne ressemblent pas à la justice du moyen-âge, qui permettait de pendre un accusé pour avoir ensuite le temps de lui faire son procès à loisir ?

La Lorraine et ses archives étant en la possession des Français, les commissaires du roi eurent ordre d'examiner et vérifier sur quoi la maison de Lorraine établissait ses droits, qui paraissaient excessifs et abusifs au roi de France ; ce n'était point un ordre de dire la vérité, mais de justifier la conduite de la France au regard de la Lorraine.

Le premier ouvrage que firent paraître les commissaires de la France fut : *Considérations historiques sur la généalogie de la maison de Lorraine*, première partie des mémoires rédigés par Louis Chantereau-Lefebvre ; Paris, 1642, 1 vol. in-folio (n° 1989).

Dans cette production, l'auteur cherche à prouver que Guillaume, frère de Godefroy de Bouillon, n'est qu'un être imaginaire et n'a jamais existé. Il coupe l'arbre par la racine : ainsi, Thiéry et Simon, fils et petit-fils de ce Guillaume, sont des êtres fabuleux ; et, confondant le Thiéry d'Alsace, qui a commencé à régner en 1070, avec le Thiéry de Bouillon, qui est mort en 1128, il prouve que Guillaume n'a pu être le père de ce Thiéry. C'est juste, mais cela ne prouve pas que Guillaume existant n'a point été père d'un

Thiéry, mort en 1128. Il ne se sert qu'une fois des archives de Muri pour citer la généalogie de la maison Hapsbourg, rédigée par un moine, en 1142. Il n'adopte cependant pas cette généalogie; il accorde à Gérard d'Alsace les mêmes aïeux que Wassebourg et de Rosières lui donnent. Une généalogie écrite au douzième siècle est probablement une chose unique, du moins nous n'en avons jamais vu citer de cette époque : l'orgueil nobiliaire qui a créé ces sortes d'écrits est bien postérieur. Cette production combat spécialement la généalogie de la maison de Lorraine, publiée en 1608 (n° 1999). A ce numéro de notre catalogue, il y a une faute typographique : on a mis 1618 ou 1619 pour 1608 ou 1609.

Le second ouvrage publié par les commissaires français a pour titre: *La véritable origine des très-illustres maisons d'Alsace, de Lorraine, d'Autriche, de Bade et de quantité d'autres, avec les tables généalogiques des descentes desdites maisons et des branches qui en sont sorties, depuis l'an de Jésus-Christ, 600, jusques à présent; le tout vérifié par titres, chartes, monuments et histoires authentiques.* Paris, 1649, in-folio, par Jérôme Vignier, (n° 45). Cet ouvrage est très-précieux, comme donnant les copies de beaucoup de titres maintenant perdus; cependant, tous ces titres ne doivent pas inspirer la même confiance, par exemple, un vieux manuscrit trouvé à Vézelise, dont il donne des extraits en latin et en français, pages 93 et 109.

Il adopte la généalogie trouvée à Muri, et remonte à un degré plus haut; il donne de nombreuses pièces à l'appui, ne cite les archives de Muri qu'une seule fois. Quant à ce qui est relatif à Guillaume de Bouillon, voici son sentiment : « Je ne veux pas m'estendre à faire » voir l'impertinence de ceux qui ont formé ce Guillaume dans l'his- » toire, et qui ont sali cette race illustre de ce monstre aposté; il n'y a » rien à dire sur ce sujet, après le très-docte et très-excellent traité » de M. Lefebvre, conseiller du roi en ses conseils, etc. » Page 109.

Les commissaires publièrent aussi *Mémoires et instructions pour servir dans les négociatures et affaires concernant les droits du roi de France;* Amsterdam, 1645, in-8, par Denis Godefroy; *Traité touchant les droits du roi sur plusieurs états et seigneuries,* 1655, in-folio, par Dupuis : deux ouvrages d'une partialité choquante, où l'on dit que le roi peut retenir la Lorraine, que la Lorraine est terre de France. Enfin, la chambre royale de Metz a rendu cette suite d'arrêts publiés en 1681, qui adjugent toute la Lorraine, par morceaux, aux évêques de Metz, Toul et Verdun, et au roi de France, arrêts que le grand Colbert, qui fut intendant des évêchés, reconnaissait être iniques.

Les ouvrages de Lefébure et Vignier furent regardés comme classiques. Il ne fut plus permis aux Français d'imprimer ou publier quoi que ce fût de contraire à ce qu'ils avaient établi relativement à la descendance de Gérard d'Alsace, descendance qui avait été antérieurement publiée par l'imprimerie royale, en 1624, sous le titre : *Généalogie des ducs de Lorraine, fidèlement recueillie de plusieurs histoires et titres authentiques*, ouvrage de Théodore Godefroy, où il n'est nullement question des aïeux de Gérard d'Alsace, ni des descendants de Guillaume, dont on reconnaît l'existence. Ce dernier ouvrage, publié avant que les archives de la Lorraine fussent entre les mains des Français, semble l'avant-projet de ce que la France voulait faire adopter ; elle a permis à une foule de roquets d'aboyer contre la maison de Lorraine, de faire descendre cette maison, suivant leurs caprices, de celle de Louvain ou de Limbourg, ce qui a donné des variantes d'aïeux ; mais elle n'a permis à aucun de méconnaître les descendants de Gérard d'Alsace comme elle les a fait établir. Et sur ces hommes et sur ces faits, M. l'abbé dit : « Quoique l'intérêt de la France contre la Lorraine ait été le puis-» sant mobile de leurs investigations, faudrait-il, pour cela, leur » refuser toute croyance ? » Il faut au moins les suspecter. « Quoi ! » parce que ces écrivains étaient Français et commissaires du gou-» vernement français dans la Lorraine conquise, les *preuves bien* » *établies* de leur découverte ne devront plus être regardées comme » des preuves valables ! » Preuves bien établies..... Mais nous nions que ces preuves soient bien établies, nous le nions avec Saleur (n° 1991) ; avec Donat (n° 44) (ce numéro, qui porte aussi le nom de Vincent, diffère beaucoup du n° 101, qui porte encore le nom de Vincent) ; avec Vincent (n° 101) ; avec Jacquemin (n°ˢ 48 et 2028) ; avec Drouin (n° 50) ; avec Guillemin (n° 47) ; avec du Plessis (n° 46), et plusieurs anonymes qui ont écrit après Vignier, tous gens que vous jugez indignes de fixer votre attention.

« Ce sera agir sagement de mépriser l'opinion dés Chantereau-
» Lefebvre, des Vignier, des Godefroy, comme si ces érudits étrangers
» n'avaient su montrer aux Lorrains la vérité jusque-là enveloppée
» de ténèbres, les obliger à renoncer à de vieux préjugés. »

Oui, c'est agir sagement, non pas de mépriser, mais de se méfier
de la sincérité des opinions des courtisans soldés pour détruire, non
pas de vieux préjugés, mais des traditions immémoriales fondées sur
des titres soustraits et remplacés par d'autres, dont nous avons fait
l'histoire en indiquant les raisons que nous avions de les suspecter.

M. l'abbé ne veut pas de ces suspicions. « Adopter l'ancienne
» généalogie, c'est se cramponner à une idée, parce que cette idée
» a été celle de personnages puissants, d'hommes graves et sensés
» d'ailleurs, mais trompés pourtant; c'est persévérer sciemment, et
» je dis plus, avec opiniâtreté dans l'erreur. »

Voici cependant ce qu'il pense de ces hommes sensés : « Et cette
» Mosellanne, dont on a fait une contrée distincte de la haute Lor-
» raine, n'a aucun fondement dans l'histoire, et n'a jamais existé
» que dans l'imagination troublée des du Boullay, des Wassebourg,
» des de Rosières et de leurs partisans; il n'est pas un seul chroni-
» queur contemporain de nos premiers ducs qui fassent mention
» de cette province apocryphe. »

Ah! monsieur l'abbé, combien de choses il faudrait vous apprendre
pour vous faire sentir combien votre injure est absurde! Vous ignorez
que l'existence des ducs est bien antérieure à l'existence des duchés!
En Allemagne, il y a toujours eu, comme maintenant en France,
des ducs et des comtes sans duchés ni comtés.

Il s'est trouvé à la fois plusieurs maisons qui avaient le titre de duc
de Lorraine entre le Rhin et la Meuse. Il y avait assez de place pour
y établir un certain nombre de gouverneurs nommés ducs et dont les
gouvernements n'avaient pas de bornes fixes. Mais vous ne savez
pas qu'il y avait un Guillaume de Bouillon, duc de Lorraine, qui
vivait contemporain de Gérard d'Alsace, aussi duc de Lorraine? Or,
ceux qui connaissaient l'existence de ces deux ducs, l'un demeurant
à Châtenois, l'autre à Verdun, ont distingué les pays sous leur obéis-
sance en haute Lorraine et Lorraine mozellanne plus haute encore,
et les limites de leur gouvernement étaient celles des seigneuries qui
étaient sous leur protection et dont les propriétaires les reconnais-

saient pour chefs. Mais ces deux gouvernements distincts ayant peu duré, séparés l'un de l'autre, il est resté peu ou point de traces de leurs limites.

Le duc Charles IV étant de nouveau remis en possession de la Lorraine, Saleur, en 1665, publia la *Clef ducale de la sérénissime, très-auguste et souveraine maison de Lorraine,* etc., petit in-folio (n° 1991). Cette publication fait époque et doit fixer l'attention de tous ceux qui cherchent à s'instruire de la généalogie de la maison de Lorraine. Saleur compare l'ancienne généalogie avec la nouvelle, fait ressortir les difficultés historiques que cette nouvelle généalogie fait naître. C'est à surmonter ces difficultés et à les résoudre que les approbateurs de la nouvelle généalogie auraient dû se livrer. Soit qu'ils en aient reconnu l'impossibilité ou leur incapacité, nous ne connaissons aucun ouvrage imprimé où cela soit fait. Certes, quand Saleur dit avoir vu tel titre, telle pièce, il serait impossible de lui donner un démenti. C'est par l'examen critique de l'œuvre de Saleur que doit commencer tout travail moderne sur la généalogie lorraine. M. l'abbé a deux exemplaires de cet ouvrage; mais il paraît qu'il ne les possède que pour prouver que les imprimeurs Antoine et les frères Charlot se sont associés pour l'imprimer. Cet ouvrage est bien loin d'être un chef-d'œuvre de typographie. Saleur était un courtisan non moins dévoué à Charles IV que MM. Lefebvre et Vignier ne l'étaient au roi de France : il a fait preuve de basse courtisanerie en établissant que les femmes ne pouvaient hériter du duché de Lorraine, abandonnant toutes controverses sur les aïeux, soit de Guillaume, soit de Gérard, et se concentrant à la difficulté de savoir si ce sont les descendants de Guillaume qui ont continué la maison de Lorraine, ou les descendants de Gérard d'Alsace. Nul n'a plus éclairci cette difficulté que Saleur, du moins parmi les ouvrages imprimés, car bon nombre d'ouvrages restés manuscrits et que M. l'abbé aurait pu consulter ne font point de difficulté de résoudre la question en faveur de Guillaume de Bouillon.

A l'appui de ses idées, M. l'abbé ose dire : « Ce résultat, contem-
» porain du duc Léopold, ne parut pas contrarier les idées élevées,
» mais parfaitement libres, de ce prince aussi instruit de l'ancien
» système sur la descendance de sa maison que zélé pour en main-
» tenir les glorieux souvenirs, puisque Léopold a consenti bien

» librement à ne plus voir désormais la tige de ses premiers an-
» cêtres dans le frère puîné de Godefroy de Bouillon. »

Le lecteur doit éprouver une vive satisfaction en apprenant que
le prince souverain Léopold était parfaitement libre dans ses idées ;
mais il aurait dû aussi apprendre que Léopold était assez puissant
pour changer les faits passés suivant ses intérêts. Effectivement,
—dans le brevet d'Altesse royale qui lui fut donné par son oncle, l'empereur d'Allemagne, en 1698, on le faisait descendre de la maison
qui a produit celle d'Hapsbourg, tige de la maison d'Autriche, ce
qui admet la généalogie de la maison de Lorraine par Gérard
d'Alsace. Ce diplôme, étant examiné au conseil de Lorraine, ne fut
pas approuvé, et l'empereur fut prié d'expédier un autre diplôme,
en indiquant pour aïeux les ducs de Bouillon, ce qu'il fit en octobre
1700. Ainsi, en 1698, Léopold se croyait descendant de Guillaume
de Bouillon, et, plus tard, il s'est cru descendant de Gérard
d'Alsace.

En 1704, Benoît Picart, capucin du couvent de Toul, publia
Origine de la très-illustre maison de Lorraine, en mettant Gérard
d'Alsace au nombre des agnats. Cette publication déplut singulièrement à la cour de Lorraine, et l'on chargea l'abbé Hugo, qui avait
déjà publié l'*Histoire de saint Norbert*, où il est question de la généalogie de Lorraine, de faire de nouvelles études et de publier une
histoire rectifiant les erreurs publiées par Picart. Mais, pendant
que le père Hugo se livrait à ce travail, Léopold ayant conçu le
projet de marier un de ses fils avec l'archiduchesse Marie-Thérèse,
héritière présomptive de l'empereur Charles VI, pensant que cette
alliance serait facilitée en établissant que la maison de Lorraine
avait une origine commune avec celle d'Autriche, Hugo eut ordre
d'adopter la généalogie par Gérard d'Alsace. Son ouvrage eut tout
le succès désiré. M. Lefebvre, chargé de la négociation de ce mariage, étant parvenu à faire lire à l'empereur le *Traité historique
et critique sur l'origine et la généalogie de la maison de Lorraine, avec les chartes servant de preuve aux faits avancés dans
le corps de l'ouvrage*, etc., Berlin (Nancy), 1711, par Baléicourt,
pseudonyme de Hugo (1), n'éprouva plus aucune difficulté, et ses
demandes furent acceptées.

---

(1) Sous le pseudonyme, Hugo a caché sa palinodie, et pour mieux se cacher, il critique

Dans leurs ouvrages, Picart et Hugo se démènent contre l'ancienne généalogie comme des diables dans l'eau bénite. Picart prend ses raisonnements et copie même ce que le grand-prévôt de St.-Dié dit dans ses observations sur les titres de l'insigne église de St.-Dié (n° 1915), sans citer; Hugo prend ses raisonnements dans Chantereau-Lefebvre, sans le citer. Pour ces auteurs, Guillaume de Boulogne et ses descendants sont évaporés ; ils prouvent que Gérard d'Alsace a eu pour fils un Thiéry et pour petit-fils un Simon, et qu'ainsi tous les monuments qu'on rencontre sur Thiéry et Simon doivent être attribués aux fils et petit-fils de Gérard d'Alsace. Ils se gardent bien de citer Saleur.

Mais traiter ainsi notre histoire, c'est le faire en véritables hâbleurs ou en Dons-Quichottes ; jamais nos anciens historiens, Wassebourg et de Rosières, n'ont nié que Gérard d'Alsace n'ait eu pour fils et petit-fils un Thiéry et un Simon. La question est de prouver la nullité des preuves, l'intérêt que pouvaient avoir les anciens historiens de forger des titres apocryphes pour créer un Guillaume de Bouillon et à celui-ci un fils et un petit-fils nommés Thiéry et Simon. Cette difficulté, qui n'a été traitée que dans des ouvrages restés manuscrits, mériterait bien de fixer l'attention des savants actuels, et probablement ils donneraient une nouvelle preuve que les historiographes des princes sont des adulateurs et non des historiens, que ce n'est pas chez eux qu'on trouve la vérité.

---

l'auteur de la *Vie de saint Norbert*, qui est lui-même. Mais c'est le fait de tous les courtisans de changer d'opinion suivant les caprices du prince. Peut-être aussi Léopold a-t-il désiré que l'ouvrage parût venir de l'étranger, afin de cacher l'influence qu'il avait exercée sur l'auteur.

C'est dans cet ouvrage où nous avons trouvé pour la première fois la bulle d'Alexandre III, de l'an 1179, extraite des ruines de Châtenois. D. Calmet a aussi publié cette bulle. Ni Hugo ni D. Calmet n'indiquent dans quel dépôt elle se trouve. Hugo a poussé la courtisanerie au-delà des limites, en voulant soutenir l'indépendance absolue de son abbaye de la cour épiscopale de Toul, imitant d'une manière inconvenable les oppositions existantes entre la cour ducale de Lorraine et la cour épiscopale de Toul. Léopold fut obligé, à regret, d'exiler Hugo. Les tergiversations et contradictions de cet auteur lui valurent deux ou trois brevets dans la souveraine grande-maîtrise de l'ordre de la calotte, ordre nombreux remplacé maintenant par celui des girouettes, plus nombreux encore.

Le sage M. Digot a fait une notice biographique sur Hugo, mais il ne peut croire aux choses scandaleuses ; il voudrait pouvoir biffer de l'histoire, surtout de celle des prêtres, tout ce qui est répréhensible. Ainsi, il n'a rien dit de ces faits.

S'il a plu à Léopold de changer d'aïeux, sa cour souveraine de parlement n'a point adopté ce changement, et, par arrêt du 9 décembre 1720, elle a fait rectifier une requête de dame Marie-Élisabeth de Ludres, marquise de Bayon, pour avoir donné à Charles II le titre de Charles Ier, ainsi que cela résulte de la généalogie par Gérard d'Alsace. Mais l'ancienne généalogie était tellement populaire, si généralement admise, que les auteurs modernes de la nouvelle généalogie, pour être compris et pour qu'on sût bien de quel duc ils parlaient, ont conservé l'ancienne classification des ducs. Ils nomment Charles V, Henri II, tandis que, d'après leur opinion, il n'y a eu que quatre Charles et un Henri. Tout le système monétaire des ducs est établi d'après l'ancienne généalogie.

Ces faits sont des bagatelles pour M. l'abbé; il est convaincu « que ces historiens distingués ont porté sur la question des » origines lorraines un jugement qui ne saurait plus être in- » firmé, car ils ont vu et bien vu, » — excepté les titres qu'on a soustraits; — « ils ont, en définitive, assuré à notre histoire un » caractère de certitude qui lui avait manqué jusque-là. » — La vérité est devenue évidente, palpable. — « On est obligé de con- » venir que la vérité seule les a subjugués, et que vouloir briser » maintenant cet accord redoutable serait chose intempestive, » dont, après tout, il est *puéril de s'occuper.* » Aussi M. l'abbé ne veut pas arrêter « l'attention sur cette controverse frivole. » Frivole est effectivement l'épithète la plus honnête qu'on puisse donner à ce discours.

La candeur de M. l'abbé le rend courtisan des puissances défuntes, qui n'ont laissé aucun prestige de leur probité ni de leur science; il ignore totalement que, depuis 1670 à 1790, il n'a été permis à qui que ce fût de faire imprimer une opinion contraire à celle protégée par le maître, roi ou duc; il ignore que la censure lorraine, puis la censure française firent faire de nombreux cartons à l'*Histoire de Lorraine* de D. Calmet; nous possédons le manuscrit autographe de la petite *Histoire de Lorraine*, du même auteur, qui, sur la première page, a écrit : « Il faut conserver ce » manuscrit, à raison des nombreux changements exigés par la » censure pour l'impression; » que les deux derniers volumes de l'*Histoire de Lorraine*, par Chevrier, ont été mis au pilon; que

Bexon n'a pu faire paraître la suite de son *Histoire de Lorraine*. On croyait que cet auteur n'avait rien écrit en plus de son premier volume : c'est une erreur ; François de Neufchâteau possédait dans sa bibliothèque le manuscrit du deuxième volume.

Dans l'ancien régime, tout esprit indépendant épouvantait les censeurs. Ce ne fut que furtivement et par manuscrit qu'on put protester, et le nombre de ces protestations est assez considérable ; nous en possédons au moins huit, comme on peut le voir par le présent *Catalogue*, et certes nous ne les possédons pas toutes.

Dans ces circonstances, peut-on parler du sentiment unanime qui a fait accueillir cette nouvelle généalogie comme une preuve de sa vérité ? Il faudrait, pour que cette preuve eût quelque force, qu'on eût été libre de la combattre, liberté qui n'existait pas. Quand le chef dispose d'une force irrésistible, ordonne, sous peine d'être privé de la liberté, de penser comme lui, il est bien rare qu'on vienne lui donner un démenti. Mais quand ce chef est mort et n'a laissé nul représentant chargé de défendre sa mémoire, on peut se permettre d'examiner si ce chef avait raison ou tort, et ne point prétendre qu'il avait raison, lorsqu'équitablement on doit savoir qu'il avait tort, parce que la vérité n'a pas besoin d'être appuyée de la force, il lui faut seulement la liberté d'exister, tandis que le mensonge, l'erreur, l'injustice ne peuvent subsister que par la force. Ordonner de croire ou défendre de croire est l'aveu de l'incapacité où l'on se trouve de prouver la vérité de ce qu'on ordonne. L'ordonnance est donc une présomption légale de mensonge.

M. l'abbé veut donner des preuves à l'appui de son opinion, et il cite les chartes « du chapitre de Saint-Dié, surtout celles que » son grand-prévôt, le savant François de Riguet, a invoquées à » l'appui de ses curieuses dissertations sur les descendants de Gé- » rard d'Alsace, chartes originales que l'on peut encore consulter » aujourd'hui et dont l'authenticité est au-dessus de toute contes- » tation. »

Le savant Riguet mérite bien que nous appelions un moment l'attention du lecteur sur ce personnage. Riguet, à la diète de Pologne, sollicita la nomination du duc de Lorraine, Charles V, comme roi de Pologne. Dans son discours, qui nous a été conservé par **D. Calmet**, il dit formellement que le duc sollicrteur est de la maison de Charlemagne. Charles V, pour récompenser son zèle, le nomma grand-prévôt de Saint-Dié. Étant dans sa prévôté, ne prévoyant pas que la Lorraine serait restituée à ses ducs, il s'attacha à la France, et, pour prouver son zèle à servir cette dernière, il dit que son chapitre possède des titres de tous les ducs successifs, depuis Gérard d'Alsace, qui établissent une continuité qui fait preuve que la maison de Lorraine descend de Gérard d'Alsace. Il en donne trois de Simon Ier, plusieurs lettres des évêques de Toul et même des bulles.

Plusieurs de ces pièces, entre autres les diplômes de Simon Ier, ne se trouvent pas au grand livre rouge, cartulaire ancien qui passait pour être la seule pièce qui ait été sauvée des incendies qui détruisirent les archives du chapitre. Riguet, en travaillant à la gloire de la France, travaillait aussi à la gloire du chapitre qu'il présidait. Par suite, dans les trois titres attribués à Simon Ier, deux sont relatifs aux droits des chanoines, un est humiliant pour l'autorité du duc et lui fait faire amende honorable devant la relique de saint Dié, assisté de son fils unique, Mathieu. Le troisième, daté de 1152, fait aussi mention du fils Mathieu, mais non unique. Le premier et le troisième sont *indentata*, c'est-à-dire faits en double écrit, tous deux sur le même parchemin ou peau, et ensuite séparés par une coupure dentelée ou accidentée. Les deux premiers sont sans date. Tous les trois ont un sceau appliqué au bas, représentant le duc couvert de son bouclier, sur lequel se trouvent trois cercles posés en ligne droite, allant du bas en haut. Le premier titre contient un règlement de droits avec *Domno Rembaldo Venerabili*. Rembaldus était prévôt du chapitre, et bien que le texte dise que les parties l'ont souscrit, on ne trouve que le sceau du duc, ni signature, ni sceau, en signe du consentement de Rembaldus. L'épithète de *Vénérable* qui lui est donnée n'était pas, nous le croyons, en usage de son temps en faveur des abbés; elle était attribuée exclusivement aux évêques. Le second porte qu'il a été scellé en présence des témoins nommés; la présence d'un seul sceau n'a rien d'irrégulier. Le troisième, humiliant pour le duc, contient la restitution au chapitre de St.-Remimont. On donne comme témoins le vénérable Henri, évêque de Toul, et deux archidiacres

des abbés. En ces temps, un évêque de Toul était plus grand seigneur et plus puissant qu'un duc de Lorraine, et, suivant les usages
d'alors, cette pièce aurait dû être scellée par l'évêque. Les deux
premiers titres sont sans date : cela est remarquable ; le fabricateur
de ces titres a pris de bonnes leçons dans les œuvres de Mabillon,
qui lui a appris qu'au milieu du douzième siècle, on trouvait des
titres non datés. Benoît Picart et Hugo citent plusieurs titres de
Simon Ier avec date. Picart en donne un de 1120, avec le rang des
souscriptions (voyez page 215) ; le même, *Réplique*, page 197, en
cite un autre de l'an 1116, avec signature Simon. Puisque Simon
savait signer, pourquoi ne trouve-t-on aucune trace de signature
sur les titres de Saint-Dié ?

Nous avons recherché dans les nombreuses preuves publiées par
les historiens lorrains, si nous trouverions d'autres titres sans date
ni signature ; nous n'en avons point trouvé, seulement des lettres
confirmatives de priviléges, non datées, mais signées. Pour les
titres sans date, voyez *Nouveau Traité diplomatique*, tome 4,
page 658. Riguet, qui, le premier, a édité ces raretés, se doutant
qu'on pourrait les suspecter, les défend par provision, en les disant
conformes aux principes de Mabillon sur les diplômes. Quant au
sceau, Riguet fait observer que le duc y est représenté absolument
vêtu comme les Tartares qu'il a vus en Pologne. Le fabricateur a sans
doute pensé que les Lorrains du douzième siècle devaient ressembler
aux Tartares du dix-septième siècle ; mais l'écu du bouclier se
trouve en contradiction avec l'écu trouvé à Stultzbronn, en 1570,
sur le tombeau d'un Simon Ier, duc de Lorraine, décédé le 15 des
calendes de mai 1158. Cet écu portait trois alérions. (Voyez *Traité
historique*, etc., Hugo, page 79.) Picart, *Remarques sur le Traité
hitorique*, page 67, ne contredit pas le fait, mais il pense que
l'écu est postérieur. Il y a là une chose beaucoup plus impor-
tante que l'écu, c'est l'inhumation de Simon Ier à Stultzbronn, car
certainement Simon Ier, de la lignée de Gérard d'Alsace, est mort
excommunié par bulle du 17 décembre 1159. Ce fut son frère Henri,
évêque de Toul et prévôt de Saint-Dié, qui permit que le duc,
tout excommunié qu'il était, fût enterré à Saint-Dié. (*Histoire de
la ville épiscopale et de l'arrondissement de Saint-Dié*, par M.
Gravier, page 106.) Ainsi, voilà deux Simon : l'un est de la descen-

dance de Gérard, et l'autre de la famille de Bouillon. Si les titres édités par Riguet n'étaient point apocryphes à tous les degrés, nous attribuerions le troisième au Simon de la maison de Bouillon.

Après examen réitéré de deux de ces titres qui se trouvent à la bibliothèque publique de Nancy, nous avons exprimé à M. Soyer-Willemet, bibliothécaire, les motifs qui nous faisaient penser que ces deux pièces étaient fausses. Une opinion semblable offensait fort le bibliothécaire, qui croit qu'il est de son honneur de soutenir l'excellence des choses soumises à sa garde, et il annonça au congrès scientifique, qui alors siégeait à Nancy, qu'il lui soumettrait l'examen de ces deux titres, qui étaient d'une grande importance relativement à la généalogie de la maison de Lorraine. (Il se trompait sur cette prétendue importance.)

Étant sourd et n'espérant pas entendre ce qui pourrait être dit dans la discussion, nous remîmes à M. l'abbé une note détaillant les raisons que nous avions de suspecter l'authenticité de ces titres. Nous ne savons plus ce que contenait cette note, où l'écriture et le contexte étaient appréciés.

M. l'abbé avait bien voulu se charger de faire valoir notre note, note qui fut sans effet, M. le bibliothécaire ayant trouvé qu'il n'y avait point de paléographes assez savants au congrès pour juger cette question.

Ainsi, les pièces ne furent pas présentées, et notre note fut sans effet, même envers M. l'abbé, qui, sans doute, a pensé depuis qu'elle ne valait pas la peine d'être réfutée. C'est singulièrement flatteur pour nous.

M. l'abbé veut aussi donner des preuves : il cite le témoignage de Sigebert de Gemblours, qui, mort en 1112, n'a pu rien connaître de la difficulté qui nous occupe ; il cite Albéric de Trois-Fontaines, qui indique à la fois le successeur de Gérard d'Alsace et celui de Godefroy de Bouillon ; il explique l'existence d'un second fils de Gérard, qui devient comte de Vaudémont, et il donne les descendants de Théoderic, savoir : Simon Thiéry, comte de Flandre ; Henri, évêque de Toul, faits non contestés, mais pour 1195.... *Per industriam (Theobaldi, comites barrensis), gener ipsius Fredericus, Frederici de Bites filius, ducatum obtinuit patris sui ducis Simonis,*

etc. A la vérité, nous sommes mauvais latiniste, et nous pouvons assurer à la personne qui, pour nous détourner de faire la présente critique, nous disait que nous ne pouvions faire autorité, qu'elle ne nous a point offensé en nous disant que nous ne savions pas le latin et qu'ainsi une contestation de ce genre ne pouvait être de notre compétence. Mais quand notre ignorance ne peut comprendre une phrase latine, nous nous la faisons expliquer par plus savant que nous. Or, c'est ce qui est arrivé pour cette phrase, et les docteurs ne l'ont pas plus comprise que nous. Il y a évidemment amphibologie : il fallait *avi* pour *patris*. Simon était le grand-père de Frédéric, qui devient comte de Bitche, et la phrase est rédigée de telle manière que le comte de Bitche se trouve tout à la fois fils de Frédéric et de Simon.

Cette citation est en dehors de toutes les difficultés généalogiques; tous les généalogistes sont d'accord en ce qui regarde Simon II. Savoir si c'est Frédéric, son frère, ou si c'est Frédéric, son neveu, qui est devenu seigneur ou comte de Bitche, est une question sans aucune importance généalogique.

Enfin, M. l'abbé cite Jean de Bayon, en ce qui regarde le comté de Vaudémont; mais on avoue, on reconnaît que les comtes de Vaudémont sont de la descendance de Gérard d'Alsace; en sorte que M. l'abbé ne pouve rien, n'apprend rien de ce qu'il est nécessaire de connaître pour préférer la nouvelle généalogie à l'ancienne. Selon nous, il ne prouve qu'une chose, c'est qu'il ignore entièrement sur quel point les généalogistes étaient divisés; ce qui ne l'empêche pas de donner, dans un style fort orgueilleux, des leçons à ses lecteurs.

Nous le répétons, nous n'avons aucune confiance dans ces belles nomenclatures d'ancêtres donnés à Guillaume de Boulogne et à Gérard d'Alsace; seulement, celle de Gérard nous paraît moins croyable ou plus absurde que celle de Guillaume. Mais, à partir de ces deux princes, Guillaume et Gérard, c'est-à-dire du onzième siècle, les preuves se multiplient, et si l'on ne peut obtenir des preuves complètes, on peut obtenir de très-fortes présomptions, qui souvent, en histoire, sont prises pour la vérité. Quand des hommes comme Wassebourg, de Rosières et Saleur disent avoir vu, avoir lu un titre, nul n'a, nous le croyons, le droit de leur donner un démenti. Évidemment, Chantereau-Lefebvre a préconçu son système; il insulte plutôt

qu'il ne discute. Guillaume est un personnage de la comédie « que
» les écrivains lorrains ont jouée sur le théâtre de l'Europe ; » ils
ont pris un Guillaume de Luxembourg pour un Guillaume de Boulogne. Ce conseiller du roi, courtisan soldé, doit être réfuté, non pas
à raison de l'estime qu'on peut lui porter, mais à raison de la haute
protection dont son œuvre a joui. Excepté les historiens mercenaires
du roi de France, les autres ont trouvé qu'en même temps que Gérard d'Alsace gouvernait, comme duc de Lorraine, une partie du
pays arrosé par la Moselle, il existait un Guillaume, aussi duc de
Lorraine, qui gouvernait une autre partie de la Lorraine où coulait
la Meuse, et qui fit, en janvier 1112, une donation à saint Maximin
de Trève. Thiéry, fils de Gérard d'Alsace, est mort en 1114 ou 1115, et
cependant on trouve, en 1124, une donation faite au monastère de
Metheloch, par Théoderic (Thiéry), duc de Lorraine, fils de Guillaume
de Boulogne. Wassebourg dit l'avoir vue ; de Rosières cite un titre
de Théoderic de l'an 1120, un autre de 1119. Simon, se disant fils
de Théoderic, petit-fils de Guillaume, confirme un donation faite à
sainte Marie de Presneio. Saleur cite un titre où Simon se dit fils de
Théoderic, père de Thiébaut, et de Ferry, petits-fils de Guillaume.
Il y a eu un Simon Ier, enterré à Saint-Dié, un autre Simon Ier,
enterré à Stultzbronn. Il faut examiner, même étudier les travaux
historiques qui sont restés manuscrits, que le défaut de liberté
de la presse n'a pas permis de rendre publics, spécialement la dissertation de Jacquemin sur Théoderic (n°s 2028 et 48), conscien-
cieux et savant travail, écrit sur 28 grandes pages in-folio, fine écriture ; les motifs plus ou moins détaillés de Donat (n° 44) ; Vincent
(n° 101) ; Drouin (n° 50) ; Guillemin (n° 47) ; du Plessis (n° 46), et
plusieurs anonymes qu'on trouvera indiqués en parcourant notre
Catalogue, écrivains postérieurs à Lefebvre et à Vignier et qui n'ont
point adopté les travaux de ces deux derniers écrivains que M.
l'abbé caractérise en disant : « Hommes vénérables qui conservent
» toujours, parmi la génération actuelle, leur ancienne réputation
» de savoir et de courageuse impartialité. »

Cette courageuse impartialité est joliment trouvée en faveur d'é-
crivains qu'il n'était pas permis de critiquer. Évidemment, des
faussaires se sont mêlés de notre histoire. Comme on pouvait accuser
les rois de France et même nos ducs d'être complices de ces faus-

saires, avant nos révolutions françaises, il n'eût pas été prudent de s'enquérir de ces faits et de les publier ; mais aujourd'hui rien ne s'oppose plus, rien ne fait plus obstacle à ce qu'on recherche la vérité.

Nous ne prétendons pas avoir jugé d'une manière définitive les questions historiques que font naître les généalogistes de la maison de Lorraine ; seulement, nous avons plus de confiance aux anciens généalogistes, et nous avons, nous le croyons, suffisamment motivé les raisons qui nous font suspecter les nouveaux généalogistes. Nous ne croyons pas qu'on puisse jamais avoir des données certaines sur les nombreuses nomenclatures d'aïeux donnés à Gérard d'Alsace ou à Guillaume de Bouillon, mais nous croyons que, sur ces deux princes et sur leurs descendances, ce qui remonte seulement au onzième siècle, on peut trouver des preuves, des documents ; si ce n'est certain ou évident, du moins c'est très-probable. Nous appelons de tous nos désirs un homme laborieux et indépendant par caractère qui veuille bien examiner et juger les innombrables pièces et les dires des nombreux historiens relatifs à cette question ; nous nous empresserons de lui communiquer les précieux documents que nous possédons.

Si nous avons atteint notre but, nos lecteurs doivent être convaincus qu'il y a eu deux temps dans la ligue : le premier, lorsque les ligueurs combattaient exclusivement les hérétiques réformateurs ; le second, lorsque, en combattant les réformateurs, ils combattaient aussi contre la maison de France qu'ils voulaient anéantir.

La ligue a donné naissance à deux généalogies distinctes de la maison de Lorraine. La première, enfantée par les partisans des princes de Lorraine, faisait descendre ceux-ci de saint Arnould ; la seconde, enfantée par les courtisans du roi de France, fait descendre la maison de Lorraine de Gérard d'Alsace ; depuis 1670 jusqu'aux révolutions françaises, il n'a été permis d'imprimer, même en Lorraine, quoi que ce fût de contraire à la généalogie par Gérard d'Alsace.

Nous croyons devoir donner l'opinion de M. Lefebvre, procureur général de Lorraine, fils du président, qui a imposé à D. Calmet la généalogie de la maison de Lorraine qu'il a publiée. Cette opinion

se trouve en tête d'un nobiliaire qui appartenait à feu M. le comte
de Rutant. Le manuscrit anonyme donne des initiales qui ont fait
attribuer cette œuvre à D. Pelletier, attribution erronée (1).

D'après les détails donnés par Mory d'Elvange sur les divers nobi-
liaires qu'il a consultés, nous avons cru y reconnaître celui de M.
Lefebvre. Quel que pût être le nom de l'auteur, c'était évidemment
un homme de mérite.

« Une troisième objection (nous n'avons pas tenu note des deux
» premières, qui nous ont sans doute paru peu importantes ; les
» curieux pourront, au surplus, recourir au manuscrit, qui doit
» être entre les mains de Mme la comtesse douairière de Rutant) contre
» la généalogie de Wassebourg consiste à rayer Guillaume du cata-
» logue des enfants d'Eustache de Boulogne. Les efforts réitérés de
» Chantereau contre l'existence de ce quatrième enfant ne pourront
» jamais prévaloir à la multitude et à l'évidence des titres qui en
» justifient. Guillaume, archevêque de Tyr, autrefois le seul légitime
» garant de l'existence de Guillaume, est présentement appuyé du
» suffrage des auteurs dignes de croyance. La *Chronique de saint
» Médard de Soissons*, tome Ier, page 803, imprimée dans les spi-
» cilèges de D. Dachery, les chroniques d'Ausheim et d'Astingheim
» donnent un quatrième fils à Eustache II, et ils appellent ce fils
» Guillaume ; Nangis, continuateur de Sigisbert, le P. Mallebranche
» et Aubert de Mir sont de ce sentiment, et ce sentiment est appuyé
» d'une charte de l'empereur Henri IV, de l'année 1104, au profit des
» seigneurs Haestat pour leurs terres de Tanviller, etc. Copie scellée
» se trouve au trésor des chartes de S. A. R. ; la signature au bas
» est : *Sigillum Guillemni, ducis Lotharingiæ*, etc., etc., etc.

» Il restait, pour avoir une preuve complète, de savoir dans
» quelle Lorraine ce Guillaume régnait, si c'était dans la haute ou
» dans la ripuaire, aujourd'hui le Brabant, ou bien dans celle que
» Wassebourg nomme la Mosellanique et qu'il distingue de la haute
» et de la basse. Si le manuscrit de saint Vanne de Verdun était

---

(1) Dans une dissertation précédente, nous avons dit qu'à la mort de D. Pelletier, ses manuscrits avaient été anéantis. Il en fut de même à la mort du capucin Bonoît Picart ; une collec-
tion précieuse de titres diplomatiques fut détruite. La communauté des capucins n'avait pas pour
ce savant les égards qu'il méritait. On le trouvait trop mondain ; il ne nasillait pas, ce qui était
une grande inconvenance.

» d'une antiquité avouée, l'équivoque serait entièrement levée : les
» limites marquées par cet auteur comprennent toute l'étendue du
» pays que nous appelons aujourd'hui Lorraine, et vont au-delà de
» ses bornes actuelles, puisqu'il les commence à la ville de Trève
» et les pousse jusqu'aux rives du Rhin, de la Meuse, y comprend
» les terres situées le long de la Saare, de la Seille, de la Meurthe.
» Suit le texte latin, etc., etc. »

L'auteur traite de la difficulté de fixer le temps du règne de Guillaume ; pour lui, cette difficulté est une agréable irrésolution ; elle
est insoluble, si l'on n'admet pas que Guillaume régnait en même
temps que Gérard d'Alsace régnait lui-même, si l'on n'admet pas le
partage de la haute Lorraine en Lorraine mosellanique et en Lorraine proprement dite ; et, après de longues considérations, il ne
conclut pas.

Il est curieux de savoir ce qu'il pense de la bulle du pape
Alexandre III :

« Cette bulle, pour Châtenois, rappelle les fondateurs de ce
» prieuré, savoir : le duc Gérard, Théoderic, Simon, Mathieu.
» Cette succession de fondateurs s'accorde avec celle de nos ducs
» dans l'idée des partisans du premier système ; mais, par malheur,
» le surnom de Flamand que cette bulle donne à Gérard, *Gerardi*
» *Flandrensis*, renverse le système d'Alsace, et, par cette désigna-
» tion de lieu, de la souveraineté, de la naissance, les notions qu'on
» en avait conçues dès l'origine de la maison de Lorraine sont
» confondues. Croire que le pape attribuait à Gérard le surnom de
» Flamand, parce qu'il y avait alors un de ses petits-fils qui pos-
» sédait le comté de Flandre, c'est encore, sur de faibles conjec-
» tures, démentir l'usage, qui n'a pas coutume de faire remonter
» aux aïeux les qualités de leurs petits-fils, etc. »

Après avoir rapporté des faits puisés dans les deux systèmes de
généalogie, il conclut « que l'auguste maison de Lorraine est sem-
» blable au Nil, dont on ignore la source et duquel on admire le
» cours. »

Ainsi, M. le procureur général n'avait pas une confiance entière
dans le travail de son père, publié par D. Calmet. Quant à la
bulle d'Alexandre III, ce que nous en avons dit dans nos *Mémoires*
nous paraît suffisant pour convaincre les lecteurs que c'est un titre
apocryphe.

Dans un nobiliaire attribué au P. Hugo (1), on lit :

« De quelque source qu'on fasse couler le sang de nos souverains,
» soit de Gérard d'Alsace, soit de Guillaume de Bouillon, il coule
» sans mélange ; on ne trouve point qu'il ait jamais été corrompu
» par le poison de l'hérésie. L'ancienneté de cette maison fait un
» problème de son origine ; mais, malgré le partage de sentiments,
» on est d'accord qu'il y a plus de mille ans qu'elle est en posses-
» sion du titre de duc et qu'il y en a sept cents qu'elle est assise
» sur le même trône, et s'il n'est pas constant parmi tous les
» écrivains que la souveraineté ait toujours été indépendante et
» absolue, on ne peut néanmoins douter que depuis Théoderic,
» que les uns font fils de Guillaume et d'autres de Gérard d'Alsace,
» elle n'ait donné des preuves de son indépendance. La charte par
» laquelle le prince fait don de quelques terres à l'église de Saint-
» Dié exprime qu'il tenait son duché immédiatement de Dieu :
» *Theodericus Dei gratiâ Lotharingorum princeps*, etc., etc. »

Ces dernières expressions n'indiquent pas l'indépendance du
prince, mais que Dieu permet son existence. (Voyez *Nouveau
Traité de diplomatique*, tome 4, page 588.)

Ce manuscrit est fort intéressant ; on y trouve comment les nobles
et les chevaliers étaient créés avant qu'on donnât des lettres de
noblesse ; que ce fut le président Alix qui, en 1570, trouva le
tombeau de Simon Ier à Stultzbronn ; il donne une nombreuse liste
des auteurs qui approuvent la généalogie de la maison de Lorraine
par Gérard d'Alsace, et une autre non moins grande qui approuve
cette généalogie par Guillaume de Bouillon, et il cherche à prouver
que l'origine par Gérard d'Alsace est plus honorable.

Nous n'avons cité ces deux derniers ouvrages que pour faire
connaître qu'indépendamment des auteurs qui avaient pris parti
dans les contestations relatives à nos généalogies lorraines, il en
existait d'autres, véritables juste-milieu, qui, dans la crainte de

---

(1) Nous n'avons aucun motif pour adopter ou rejeter cette attribution au P. Hugo. Il aurait
composé ce nobiliaire lorsqu'il avait encore les opinions qu'il a manifestées dans la *Vie de
saint Norbert* (n° 150), avant qu'il ait été chargé par Léopold de répondre au P. Picart et
d'adopter la généalogie par Gérard d'Alsace. Nous ne savons plus à qui appartient ce manuscrit ; nous avons perdu la mémoire du nom de celui qui nous l'a prêté.

recevoir des manchettes de gauche ou de droite, honorèrent les deux partis et ne se crurent pas assez de perspicacité pour choisir entre les deux systèmes. C'est couvrir d'une fausse modestie une conduite politique blâmable.

M. l'abbé ne s'est point gardé de tout contact impur avec notre incrédulité ; il termine son travail en copiant une de nos phrases et en lui faisant subir une petite modification ; mais il se garde bien de nous citer. Si nos savants compatriotes ne nous font pas passer à la postérité, ce ne sera pas notre faute si eux-mêmes n'y passent pas ; nous nous informons avec autant de soin de ce qu'ils peuvent produire, qu'eux mettent d'éloignement ou de répulsion à connaître ce que nous produisons.

Il est remarquable que le discours de M. l'abbé ait été édité dans les *Mémoires de l'Académie de Stanislas*, Académie qui se croit appelée à illustrer notre histoire de Lorraine. Il faut avouer que dans cette très-louable voie, l'Académie n'est pas heureuse. Dans ces mêmes *Mémoires* (an 1855), on en trouve un de M. Digot sur la masculinité du duché de Lorraine. Ce mémoire est écrit avec sagesse, modération, mais froidement. Il contient des raisons ou preuves qui ne sont pas mentionnées par les écrivains antérieurs qui se sont occupés de cette question. Suivant M. Digot, ces écrivains n'ont fait qu'agiter la question et ne l'ont pas résolue. C'est cette solution qu'il va donner, c'est le jugement définitif qu'il va prononcer. Cette pensée n'est ni modeste ni vraie.

Il importe de rectifier une erreur grave de principe historique. Il dit que la Lorraine était indépendante, ne relevait de l'empire que pour certains fiefs d'une nature particulière. C'est là de la courtisanerie toute pure de l'ancien régime. Évidemment, la Lorraine faisait partie de l'empire au même titre que Trèves, Metz et Strasbourg ; l'empire allait jusqu'aux rives de la Meuse. Singulière indépendance que celle d'un pays dont le duc était nommé ou révoqué par la volonté toute puissante de l'empereur, où le duc ne pouvait instituer ou disposer sans l'agrément de l'empereur. Toutes les fondations faites par les ducs sur le fisc ont dû être ratifiées par l'empereur ; on trouvait de ces ratifications dans plusieurs couvents. Singulière indépendance que celle qui forçait le duc à recevoir l'investiture, formalité qui cadrait avec les bénéfices électifs (1) ; il avait le droit de porter le glaive nu devant l'empereur. L'épée posée sur les monnaies indiquait un officier de l'empire chargé de défendre les marches ou frontières, le commandant de l'avant-garde de l'armée impériale, ce qui était indiqué par la qualité de marchis. Singulière indépendance que celle qui obligeait le duc à payer annuellement ou accidentellement une contribution à l'empire, à se faire juger par la chambre impériale. Le duc Léopold a payé la landfrid, a fait juger un procès à la chambre impériale de Spire. Enfin, ce qu'il y a de remarquable, c'est que les derniers traités de paix faits avec la France et regardant la Lorraine ont été arrêtés entre l'empereur et le roi, sans le concours du duc de Lorraine.

Soit par prudence ou timidité, M. Digot ne déclare pas le second testament attribué à René II, de l'an 1506, apocryphe ou faux ; il préfère prouver l'illégalité de ses stipulations. Mais tous ceux qui, avec un peu d'indépendance dans la pensée, se sont occupés de cette question, ont jugé le second testament apocryphe, et les pièces qu'on cite comme preuve de son existence antérieure à l'an

---

(1) Les feudistes ne sont pas d'accord sur la portée des mots employés dans la féodalité. Henrion de Pansey, qui écrit d'après les principes de Dumoulin, fait quelquefois l'application des mots dans un sens différent de la définition qu'il a donnée du mot. Nous n'avons pu consulter les feudistes allemands. Nous croyons que l'investiture ne se donnait qu'aux bénéficiers électifs, comme aux évêques. L'investiture est antérieure à la féodalité ; elle ne donne droit qu'aux choses indiquées dans l'investigation ; c'est une prise de possession ou tradition qui est tirée du droit romain, qui voulait que pour que la vente fût parfaite, il y eût un simulaire de prise de possession et de tradition, à la différence de foi et hommage lige, qui liait, par le fief et par la personne, au suzerain, l'hommage pur, qui ne liait que par le fief, l'hommage avec dénombrement, qui ne constituait qu'un censitaire, le suzerain s'étant réservé le *jus in re* sur le fief. Ainsi, les hommages étaient des règlements des droits du propriétaire et des charges qui lui étaient imposées.

Nous l'avons dit, l'investiture était une preuve que le duché de Lorraine n'a point été institué héréditaire ; l'hérédité est devenue un fait constatant la désuétude du droit du suzerain. Le vassal a acquis l'hérédité, non par concession, mais par prescription. Les courtisans, pour le prétendu honneur du prince, faisaient remonter l'hérédité au plus haut de l'échelle des ascendants des ducs de Lorraine. Tout récemment, un de nos plus éloquents compatriotes faisait de la Lorraine un franc-aleu, et, dans son admiration pour des ombres qui nous sont chères, il s'écriait : « Les ducs de Lorraine ne relèvent que de Dieu et de leur épée. » C'est une fort belle phrase dans un panégyrique, mais, en histoire, c'est plus qu'une erreur, c'est une absurdité.

1625, époque où François II et Charles IV, son fils, voulurent le faire valoir, prouvent le contraire de ce qu'on voudrait leur faire prouver. Effectivement, aux états de 1509, on ne parle que d'un testament ; ce ne peut être que celui de 1486, qui n'a jamais été perdu. L'absurde et ignorante protestation du duc de Guise, du 19 février 1540, où il est dit que les royaumes de Sicile, d'Aragon, le duché d'Anjou ne peuvent être possédés par des femmes, ne parle que d'un testament. En ajoutant les excellentes raisons que M. Digot donne pour prouver que la loi salique n'était pas reçue en Lorraine, on sera convaincu que le testament de 1506 est un titre forgé par les ordres de François II et de Charles IV. Suppose-t-on que l'on doit ménager la réputation de ces princes, qui seraient plus coupables comme faussaires qu'ils ne le sont comme traîtres et parjures à leur serment ?

M. Digot établit très-bien qu'on a manqué de toute liberté pour publier en Lorraine ce qu'on pensait du testament de 1506. Ce défaut de liberté fut bien plus grand en ce qui regardait la nouvelle généalogie de la maison de Lorraine, car, en France, on a pu dire et imprimer ce qu'on pensait du testament de 1506.

M. Digot cite quatre ou cinq manuscrits de la bibliothèque publique de Nancy, où se trouve traitée la question qui l'occupe ; mais ils sont loin d'être les seuls ouvrages où l'on se soit occupé de réfuter la masculinité du duché de Lorraine. La princesse Nicole, pour faire valoir ses droits et la validité de son mariage, a fait publier divers mémoires ; il s'en trouvait neuf dans la bibliothèque de feu M. Emmery, ainsi que cela est constaté par les catalogues de cette bibliothèque. Nous ne savons en quelles mains ils sont passés ; à notre grand regret, l'ordre que nous avons donné de nous les acheter n'a pas été exécuté.

Sous Léopold, qui voulait établir la masculinité de son duché, Benoît Picart, en plusieurs endroits de ses écrits, et spécialement *Réplique aux Lettres*, page 77, rejette ce principe et combat le P. Hugo, qui l'avait adopté. M. Audiffret a critiqué l'ouvrage de M.de Bourcier sur la masculinité.

Il nous semble que nous avons prouvé, au n° 4 de nos *Mémoires,* que toutes les pièces de l'écu de Lorraine provenaient des femmes, et nous avons souvent cité des ordonnances rendues par les princesses Isabelle, Iolande et Nicole, comme dames souveraines en Lorraine.

M. Digot connaît tous ces faits; pourquoi n'en a-t-il pas parlé ? Est-ce dans la crainte de diminuer l'appréciation de son mérite au regard de ses lecteurs, ou bien est-ce crainte de compromettre la considération qui lui est due, en citant un incrédule de notre espèce, homme de très-mauvaise compagnie pour un ultramontain ?

Les écrits publiés par l'Académie de Stanislas n'acquièrent aucune sanction ni approbation. Cette Académie ne veut pas passer pour être une autorité; elle met en tête de ses *Mémoires* qu'elle ne prend point la responsabilité des doctrines et théories des *Mémoires* qu'elle publie. Ce mot *responsabilité,* emprunté à la jurisprudence sur la liberté de la presse, semblerait indiquer que l'Académie accueille des travaux sur la politique ou sur la religion. Il n'en est rien. Cette Académie est simplement une réunion de savants de diverses forces et natures, qui jouissent du privilége de faire imprimer leurs mémoires aux frais du département; et à côté d'excellentes productions, on y trouve des ignorances historiques ou scientifiques. Les membres innocents de ces délits historiques ou scientifiques s'en lavent les mains et croient que cela ne peut nuire en rien à leur mérite académique. Sur ce point, ils se trompent.

P. S. Pendant l'impression de ces critiques parut le *Journal de la Société d'Archéologie et du Comité du Musée lorrain*, qui nous a appris qu'il existait à la bibliothèque publique de Nancy un cartulaire qui renferme un manifeste dans lequel Charles III expose ses titres et cherche à faire prévaloir ses droits à la couronne de France. Nous serions fort étonné d'apprendre que cette production ait eu l'approbation de Charles III. Mais il n'y aurait rien d'étonnant qu'un partisan des généalogies lorraines par l'empereur Arnould ou par l'évêque saint Arnould ait composé un semblable travail. C'est la conséquence légale des prétentions à l'hérédité de Charlemagne, ainsi que nous l'avons dit page 12.

www.ingramcontent.com/pod-product-compliance
Lightning Source LLC
Chambersburg PA
CBHW051322060726
47596CB00004B/1441